CRM für den Mittelstand: CRM-Auswahl und CRM-Einführung erfolgreich meistern

Andreas Pörtner MSc BBA

DIGITAL BUSINESS GUIDES
www.digital-business-guides.com

Ausgabe 05/2025

© 2025 Andreas Pörtner
Verlag: BoD · Books on Demand GmbH, Überseering 33, 22297 Hamburg, bod@bod.de
Druck: Libri Plureos GmbH, Friedensallee 273, 22763 Hamburg
ISBN: 978-3-7693-1219-5

Inhaltsverzeichnis

Warum CRM für den Mittelstand entscheidend ist

In einer Zeit, in der Märkte gesättigt, Kunden informierter und Wettbewerber digital aufgerüstet sind, wird eines zum entscheidenden Erfolgsfaktor: die Beziehung zum Kunden. Customer Relationship Management (CRM) ist längst kein exklusives Thema großer Konzerne mehr. Im Gegenteil: Gerade mittelständische Unternehmen profitieren besonders stark von einem systematischen und strategisch durchdachten CRM – vorausgesetzt, es wird praxisnah implementiert und konsequent gelebt.

Der Mittelstand – das Rückgrat der Wirtschaft – steht heute unter wachsendem Druck, digital aufzurüsten und gleichzeitig kundennah zu bleiben. Die Herausforderung besteht darin, den Spagat zwischen persönlichem Service und digitaler Effizienz zu meistern. Hier setzt CRM an: als Werkzeug, als Philosophie und als strategischer Erfolgshebel.

Ziele und Nutzen des Buches

Dieses Buch verfolgt ein klares Ziel: Es soll mittelständische Unternehmen dabei unterstützen, CRM ganzheitlich zu verstehen, praxisnah umzusetzen und nachhaltig erfolgreich zu nutzen. Dabei verbindet es wissenschaftlich fundierte Grundlagen mit konkreten Handlungsempfehlungen, bewährten Methoden und echten Praxisbeispielen aus dem Mittelstand.

Sie erhalten:

- Ein solides Verständnis der CRM-Kernprinzipien, -Technologien und -Prozesse
- Unterstützung bei der Auswahl und Einführung eines passenden CRM-Systems
- Werkzeuge zur Optimierung Ihrer Vertriebs-, Marketing- und Serviceprozesse
- Impulse für die strategische Weiterentwicklung Ihres Kundenmanagements

Zielgruppen und Leseleitfaden

Dieses Buch richtet sich an Geschäftsführer, Vertriebs- und Marketingleiter, CRM-Verantwortliche sowie Digitalisierungsbeauftragte in kleinen und mittelständischen Unternehmen. Es eignet sich gleichermaßen als Einstieg in das Thema wie auch als strukturierter Praxisleitfaden für laufende oder geplante CRM-Projekte.

Der Aufbau des Buches folgt einer logischen Struktur: Von den Grundlagen über die strategische Planung, technologische Umsetzung bis hin zur operativen Anwendung im Alltag. Ergänzt wird das Ganze durch Fallbeispiele, Checklisten und zukunftsorientierte Ausblicke. Die Kapitel können je nach Interesse auch einzeln gelesen werden.

CRM ist kein IT-Projekt. CRM ist eine unternehmerische Haltung.

Mit dieser Perspektive laden wir Sie ein, Ihre Kundenbeziehungen neu zu denken – strategisch, digital und mittelstandsorientiert.

1. Begriff und Bedeutung von CRM

1.1 Definitionen und Konzepte

Customer Relationship Management (CRM) bezeichnet die konsequente Ausrichtung eines Unternehmens auf seine Kunden und die systematische Gestaltung aller Kundenbeziehungsprozesse. Dabei umfasst CRM nicht nur den Einsatz von Software, sondern auch strategische, organisatorische und kulturelle Aspekte.
Eine gängige Definition lautet:

„CRM ist eine kundenorientierte Unternehmensstrategie, mit dem Ziel, langfristige und profitable Kundenbeziehungen aufzubauen und zu festigen – unterstützt durch moderne Informations- und Kommunikationstechnologien."

CRM lässt sich in drei Dimensionen gliedern:
- Strategisches CRM: Entwicklung einer kundenfokussierten Unternehmensstrategie
- Operatives CRM: Unterstützung der täglichen Kundenkontaktpunkte (z. B. Vertrieb, Marketing, Service)
- Analytisches CRM: Nutzung von Kundendaten zur Verbesserung von Entscheidungen, Kampagnen und Angeboten

Diese drei Ebenen ergänzen sich und sollten gemeinsam gedacht und umgesetzt werden.

1.2 CRM im Kontext der digitalen Transformation

Im Zuge der digitalen Transformation hat sich die Rolle des Kunden radikal verändert:
- Kunden sind informierter, kritischer und aktiver
- Der Erstkontakt entsteht häufig online, nicht mehr beim Außendienst

- Kunden erwarten personalisierte Angebote und reibungslose Erlebnisse über alle Kanäle hinweg

CRM wird so zum Bindeglied zwischen Unternehmen und Kunde in einer zunehmend digitalen Welt. Es geht nicht nur um Datenverwaltung, sondern um Beziehungsmanagement im besten Sinne – individuell, datenbasiert und automatisiert. Für mittelständische Unternehmen bedeutet dies: Wer digital nicht anschlussfähig ist, verliert langfristig den Kundenkontakt. CRM-Systeme bieten hier die Chance, Kundenbeziehungen auch mit begrenzten Ressourcen professionell und skalierbar zu gestalten.

1.3 Operatives, analytisches und kollaboratives CRM

Operatives CRM umfasst alle Anwendungen, die den direkten Kundenkontakt betreffen:
- Kontaktverwaltung
- Angebots- und Auftragsmanagement
- Kundenservice und Reklamationsbearbeitung

Analytisches CRM zielt auf die Auswertung von Kundendaten zur Entscheidungsunterstützung:
- Zielgruppenanalysen
- Kundenwertanalysen (z. B. ABC-Kunden)
- Kaufverhalten, Wiederkaufwahrscheinlichkeiten, Kündigungsrisiken

Kollaboratives CRM bezieht sich auf die unternehmensübergreifende Abstimmung aller CRM-Aktivitäten:
- Informationsaustausch zwischen Abteilungen (z. B. Vertrieb ↔ Marketing ↔ Service)
- Einbindung von Partnern, Lieferanten oder externen Dienstleistern
- Nutzung gemeinsamer Plattformen (z. B. Kundenportale)

Nur wenn diese drei CRM-Dimensionen zusammenspielen, kann ein ganzheitlicher und nachhaltiger Kundennutzen entstehen – die zentrale Voraussetzung für Kundenbindung, Weiterempfehlung und langfristigen Unternehmenserfolg.

Praxisimpuls:

„CRM ist nicht die Aufgabe der IT-Abteilung. Es ist eine unternehmensweite Führungsaufgabe."

(Zitat eines Geschäftsführers eines erfolgreichen Familienunternehmens)

2. Die Relevanz von CRM im Mittelstand

2.1 Mittelstandsspezifika im Kundenmanagement

Der Mittelstand gilt als Rückgrat der Wirtschaft – insbesondere im deutschsprachigen Raum. Mittelständische Unternehmen zeichnen sich durch flache Hierarchien, hohe Kundennähe, Flexibilität und oft langjährige Kundenbeziehungen aus. Genau hier liegt auch die Stärke und Herausforderung im CRM:

- Kundennähe ist meist Chefsache: Kundenbeziehungen sind häufig persönlich gewachsen und nicht systematisch dokumentiert.
- Individuelle Lösungen statt Massenabfertigung: Kunden schätzen den persönlichen Service, erwarten aber zunehmend auch digitale Angebote.
- Wenig Ressourcen, aber viel Engagement: CRM muss effizient, intuitiv und praxisnah sein, um im Mittelstand akzeptiert und genutzt zu werden.

Ein zentrales Ziel ist es, das „Wissen im Kopf" einzelner Mitarbeitender in ein gemeinsam nutzbares CRM-System zu überführen – ohne dabei die individuelle Kundenbeziehung zu verlieren.

2.2 Herausforderungen und Chancen für KMU

Herausforderungen bei der Einführung und Nutzung von CRM im Mittelstand:
- Fehlende Zeit und personelle Ressourcen für strategische Planung
- Sorge vor zu hoher Komplexität oder IT-Überforderung
- Skepsis gegenüber langfristigem Nutzen („Funktioniert auch Excel")
- Mangelnde Datenqualität und systematische Dokumentation

Gleichzeitig ergeben sich zahlreiche Chancen:
- Skalierung der Kundenbeziehungen: Auch bei wachsender Kundenzahl bleibt der Überblick erhalten.
- Digitalisierung von Vertriebs- und Serviceprozessen: Entlastung im Tagesgeschäft durch Automatisierung und Standardisierung.

- Höhere Kundenbindung: Durch konsistente Kommunikation und personalisierte Angebote.
- Besseres Controlling: Mit wenigen Klicks lassen sich Verkaufschancen, Auftragsvolumen und Kundenpotenziale analysieren.

Ein funktionierendes CRM ist kein Luxus – es ist ein Wettbewerbsfaktor, die mittelständischen Unternehmen widerstandsfähiger, reaktionsschneller und kundenorientierter macht.

2.3 Erfolgsfaktoren für CRM-Einführung und -Nutzung

Basierend auf vielen Projekten im Mittelstand lassen sich folgende Erfolgsfaktoren herausarbeiten:

1. Klare Zielsetzung: Was soll mit CRM erreicht werden (z. B. bessere Nachverfolgung von Angeboten, höhere Kundenbindung, Transparenz im Vertrieb)?
2. Einbindung aller Beteiligten: CRM funktioniert nur, wenn es im Alltag genutzt wird – von der Geschäftsführung bis zum Innendienst.
3. Kundendaten zentralisieren und pflegen: Einheitliche Kundensicht durch ein zentrales System schafft Vertrauen und Effizienz.
4. Schrittweise Einführung („Quick Wins"): Kleine, messbare Erfolge fördern Akzeptanz und Motivation.
5. Praxisorientierte Schulung und Support: Mitarbeitende benötigen klare Anwendungsfälle und konkrete Hilfestellung – keine Theorieschulungen.

Praxisimpuls:
„Wir dachten, CRM sei nur etwas für Konzerne. Heute können wir uns den Arbeitsalltag ohne unser System nicht mehr vorstellen."
(Vertriebsleiter eines Maschinenbauunternehmens mit 70 Mitarbeitenden)

3. CRM-Ziele und -Strategien entwickeln

Ein CRM-System allein schafft keinen Kundennutzen – erst eine klare strategische Ausrichtung macht aus Technologie einen echten Wettbewerbsvorteil. In diesem Kapitel geht es darum, wie mittelständische Unternehmen CRM strategisch planen und nutzen können, um messbare Mehrwerte für das Unternehmen und die Kunden zu schaffen.

.1 Zieldefinition: Kundenbindung, -gewinnung und -rückgewinnung

CRM sollte immer auf konkrete Unternehmensziele ausgerichtet sein. Diese lassen sich meist drei zentralen CRM-Zielkategorien zuordnen:

- **Kundenbindung stärken**:
  Bestehende Kunden sind wertvoll – ihr Erhalt ist oft günstiger als die Neukundengewinnung. CRM hilft, individuelle Kundenbeziehungen zu pflegen und loyale Kunden durch gezielte Ansprache zu halten.
- **Neukunden gewinnen**:
  Durch systematische Vertriebsunterstützung und nachvollziehbare Verkaufsprozesse ermöglicht CRM eine gezielte Akquise – von der Lead-Generierung über den Erstkontakt bis zum Vertragsabschluss.
- **Abwandernde Kunden zurückgewinnen**:
  Analytisches CRM kann Kündigungssignale frühzeitig erkennen und Rückgewinnungsmaßnahmen rechtzeitig einleiten. Erfolgreiches CRM dokumentiert zudem die Gründe für Kundenverluste.

Praxis-Tipp: Formulieren Sie 3–5 klare CRM-Ziele in SMART-Form (spezifisch, messbar, attraktiv, realistisch, terminiert). Beispiel:
„Steigerung der Wiederkaufrate bei Bestandskunden im B2B-Geschäft um 10 % innerhalb von 12 Monaten."

.2 Segmentierung und Zielgruppenanalyse

Nicht jeder Kunde ist gleich wertvoll oder gleich zu behandeln. Eine gezielte Segmentierung ist der erste Schritt zur effizienten Kundenbetreuung.

Typische Segmentierungskriterien:
- Umsatz, Deckungsbeitrag oder Potenzial (ABC-Kunden)
- Branche, Region, Unternehmensgröße
- Kaufverhalten, Nutzungsverhalten, Rückmeldungen

Das Ziel: Die richtigen Kunden mit den richtigen Maßnahmen ansprechen. CRM-Systeme unterstützen bei der Pflege und Auswertung dieser Segmente – auch automatisiert.

Beispiel:
Ein Maschinenbauunternehmen segmentiert seine Kunden in:
- A-Kunden (mit hohem Jahresumsatz und Wiederkaufrate)
- B-Kunden (mit Wachstumspotenzial)
- C-Kunden (mit geringem Auftragsvolumen, aber hoher Betreuungsintensität)

.3 Customer Journey und Touchpoint-Management

Kunden erleben ein Unternehmen über viele Kanäle und Kontaktpunkte – vom Erstkontakt über Beratung, Kauf, Lieferung bis hin zum Service. Diese „Reise" wird als Customer Journey bezeichnet.

CRM hilft, diese Reise sichtbar und steuerbar zu machen:
- Wo sind die wichtigsten Touchpoints?
- Wo gibt es Reibungsverluste oder Informationsbrüche?
- Wo lassen sich Erlebnisse personalisieren und verbessern?

Ein gutes CRM sorgt dafür, dass Kundenerlebnisse konsistent, nachvollziehbar und individuell sind – unabhängig davon, ob der Kontakt per Telefon, E-Mail, Webseite oder Außendienst erfolgt.

Beispielhafte Touchpoints:

- Erstkontakt über die Website oder Messe
- Beratung durch Vertrieb oder Außendienst
- Angebotserstellung und Nachverfolgung
- Auftragsabwicklung und Lieferung
- Serviceanfrage oder Beschwerde
- Newsletter oder persönlicher Rückruf

Praxisimpuls:

„Wir haben mit einem einfachen Whiteboard unsere Customer Journey skizziert – daraus ist ein klarer CRM-Fahrplan entstanden."

(Marketingverantwortliche eines Elektrotechnikunternehmens)

- **CRM als Bestandteil der Unternehmensstrategie**

CRM entfaltet seine volle Wirkung nur, wenn es in die Gesamtstrategie des Unternehmens eingebettet ist. Es geht nicht nur darum, eine Software zu nutzen, sondern darum, das Denken und Handeln am Kunden auszurichten – strategisch, organisatorisch und kulturell. In diesem Kapitel zeigen wir, wie CRM als integraler Bestandteil der Unternehmensführung verankert werden kann.

.1 CRM in der Unternehmens- und Digitalstrategie verankern

Viele CRM-Projekte scheitern nicht an der Technik, sondern an der fehlenden strategischen Einbindung. CRM muss Teil der Unternehmensziele sein – und darf nicht als isoliertes IT-Projekt behandelt werden.

CRM-Strategiefragen auf Geschäftsführungsebene:
- Welche Rolle spielt der Kunde in unserer Vision und Mission?
- Wie wollen wir Kundenbeziehungen aktiv gestalten und differenzieren?
- Welche Kundengruppen sind für unser Wachstum entscheidend?
- Wie messen wir den Erfolg unserer Kundenorientierung?

CRM und Digitalisierung:
CRM ist ein zentraler Baustein jeder Digitalstrategie, denn:
„Digitale Transformation ohne den Kunden ist nur Automatisierung.“
Ein gutes CRM-System ist die digitale Schnittstelle zwischen Unternehmen und Kunde – es ermöglicht datenbasierte Entscheidungen, automatisierte Prozesse und personalisierte Erlebnisse.

.2 CRM-Kultur etablieren: Von der Führung bis zur Belegschaft

CRM ist nicht nur Strategie und Technik – es ist auch eine Frage der Haltung. Kundenorientierung muss Teil der Unternehmenskultur werden.

Merkmale einer CRM-orientierten Unternehmenskultur:

- Kundeninformationen sind für alle verfügbar – nicht im Kopf einzelner.
- Kundenfeedback wird systematisch erfasst und genutzt.
- Alle Abteilungen verstehen sich als Teil der Kundenbeziehung – nicht nur Vertrieb oder Service.
- Führungskräfte leben Kundenorientierung vor und machen CRM zur Priorität.

Praxisbeispiel:

Ein Geschäftsführer führt regelmäßige „CRM-Tage" ein, bei denen Teams ihre Erfahrungen mit Kundendaten, Kampagnen oder Servicefällen austauschen. Ergebnis: bessere Zusammenarbeit und höhere Akzeptanz des Systems.

.3 Change Management bei CRM-Initiativen

Jede Einführung oder Neuausrichtung von CRM ist ein Veränderungsprozess – und stößt häufig auf Unsicherheit oder Widerstand. Deshalb ist aktives Change Management ein kritischer Erfolgsfaktor.

Typische Widerstände bei CRM-Projekten:

- „Das haben wir bisher auch ohne System gemacht."
- „Jetzt muss ich noch mehr dokumentieren."
- „Was passiert mit meinen Kundendaten?"

Wichtige Maßnahmen im Change Management:

1. Frühzeitige Kommunikation: Warum wird CRM eingeführt? Welchen Nutzen haben Mitarbeitende konkret?
2. Einbindung von Schlüsselpersonen: Vertrauenspersonen und „CRM-Botschafter" helfen, Akzeptanz zu schaffen.
3. Schulungen & Praxisbezug: Trainings mit echten Kundendaten und Anwendungsfällen aus dem Alltag.
4. Erfolge sichtbar machen: Zeigen, was durch CRM besser oder einfacher geworden ist – z. B. schnellere Angebotserstellung, weniger Rückfragen.

Checkliste für ein strategisch verankertes CRM:

☐ CRM-Ziele sind Teil der Unternehmensziele

☐ CRM wird regelmäßig in Managementrunden thematisiert

☐ Es gibt eine/n Verantwortliche/n oder Projektleiter/in

☐ Mitarbeitende sind über Ziele und Nutzen informiert

☐ Führungskräfte leben CRM aktiv vor

Praxisimpuls:

„Erst als wir CRM in unsere Führungsklausur aufgenommen haben, wurde es ein echtes Managementthema – und kein IT-Tool."

(Geschäftsführer eines Bauzulieferers mit 45 Mitarbeitenden)

5. Auswahl und Einführung von CRM-Systemen

Ein CRM-System ist kein Selbstzweck – es soll Geschäftsprozesse verbessern, Kundenbeziehungen vertiefen und die tägliche Arbeit effizienter machen. Doch damit das gelingt, muss die Einführung strukturiert und zielorientiert ablaufen. In diesem Kapitel geht es um die Auswahl eines geeigneten Systems und die entscheidenden Erfolgsfaktoren bei der Einführung im Mittelstand.

5.1 Marktüberblick über CRM-Lösungen für den Mittelstand

Der Markt für CRM-Software ist breit gefächert: von einfachen, kostengünstigen Lösungen bis hin zu hochintegrierten Plattformen. Für den Mittelstand ist entscheidend, ein System zu finden, das funktional passend, bezahlbar und einfach nutzbar ist.

Typen von CRM-Systemen:

- Standardlösungen (z. B. HubSpot, Zoho, Salesforce Essentials)
  → Schnell einsetzbar, günstiger Einstieg, oft modular erweiterbar
- Branchenspezifische Lösungen (z. B. CAS genesisWorld, GEDYS IntraWare)
  → Angepasste Prozesse für z. B. Industrie, Handel, Handwerk
- ERP-nahe CRM-Module (z. B. SAP Business One, Microsoft Dynamics)
  → Nahtlose Integration mit Warenwirtschaft, Buchhaltung & Co.

Cloud vs. On-Premises:

- Cloud-Systeme: keine eigene IT-Infrastruktur nötig, monatliche Kosten, mobil nutzbar
- On-Premises-Systeme: hohe Anfangsinvestition, volle Datenkontrolle, interner Betrieb

Praxis-Tipp: Beginnen Sie mit einer Anforderungsliste – nicht mit einem Toolvergleich. Die Technik sollte sich Ihren Prozessen anpassen, nicht umgekehrt.

5.2 Kriterienkatalog für die Systemauswahl

Ein strukturiertes Auswahlverfahren spart Zeit, Geld und Nerven. Die folgende Kriterienliste hilft dabei:

Funktionale Anforderungen:

- Kontakt- und Adressverwaltung
- Vertriebssteuerung und Lead-Management
- Angebots- und Auftragsverfolgung
- Serviceprozesse und Ticketsystem
- Marketing-Funktionen (z. B. E-Mail-Kampagnen)
- Kalender-, Aufgaben- und Terminverwaltung

Technische Anforderungen:

- Integration mit bestehenden Systemen (ERP, Outlook, etc.)
- Cloud- oder On-Premises-Optionen
- Benutzerfreundlichkeit / intuitive Oberfläche
- Mobile Nutzung (z. B. durch Außendienst)

Wirtschaftliche Anforderungen:

- Lizenz- und Betriebskosten
- Skalierbarkeit bei Wachstum
- Anbieter-Seriosität und Supportqualität

Organisatorische Anforderungen:

- Schulungskonzept
- Customizing-Möglichkeiten
- Mehrsprachigkeit / internationales Setup (falls relevant)

Beispielhafte Fragen bei der Auswahl:

- Welche Kernprozesse müssen im CRM abgebildet werden?
- Wie viele Nutzer sollen das System verwenden?
- Wer pflegt die Daten – und wer nutzt die Ergebnisse?

5.3 Softwareeinführung: Phasen, Stolperfallen, Erfolgsfaktoren

Die Einführung eines CRM-Systems ist mehr als ein Software-Rollout – sie ist ein Veränderungsprozess. Erfolgreiche CRM-Einführungen verlaufen meist in 4 Phasen:

1. Planung und Zieldefinition

- Projektziele und -umfang klären
- Projektteam und Zeitrahmen festlegen
- Anforderungen erfassen und priorisieren

2. Auswahl und Entscheidung

- Marktanalyse und Anbieter-Vorgespräche
- Demos und Testsysteme
- Anbieterbewertung und Vertragsverhandlung

3. Implementierung

- Systemkonfiguration und Datenübernahme
- Schnittstellen zu bestehenden Systemen einrichten
- Nutzerberechtigungen und Rollen definieren

4. Rollout und Betrieb

- Schulung und Onboarding der Mitarbeitenden
- Unterstützung in der Anfangsphase (Support, Feedback sammeln)
- Regelmäßige Nutzung kontrollieren und verbessern

Typische Stolperfallen im Mittelstand:

- Fehlende Zielklarheit („Wir brauchen einfach mal ein CRM")
- Zu große Lösung, zu kleiner Nutzen
- Überforderung der Nutzer durch zu viele Funktionen
- Keine Zeit für saubere Datenmigration
- CRM wird nicht genutzt, weil es nicht zum Alltag passt

Erfolgsfaktoren:

- Kleine Schritte und schnelle Erfolge („Quick Wins")
- Pilotgruppe und schrittweiser Rollout
- Gute Kommunikation und Support
- Kontinuierliche Verbesserung nach dem Start

Praxisimpuls:

„Wir haben mit vier Nutzern im Vertrieb angefangen und dann Schritt für Schritt Marketing und Service angebunden. So konnte sich das CRM organisch im Unternehmen etablieren."

(Inhaber eines mittelständischen Softwaredienstleisters)

6. Datenmanagement im CRM

Ein CRM-System ist nur so gut wie die Daten, die darin gepflegt werden. Saubere, aktuelle und strukturierte Kundendaten sind die Basis für fundierte Entscheidungen, gezielte Kommunikation und erfolgreiche Kundenbeziehungen. Gerade im Mittelstand entscheidet die Qualität der CRM-Daten oft über den Erfolg des gesamten Projekts.

6.1 Kundendatenqualität und Datenpflege

„Garbage in – garbage out": Dieser Leitsatz gilt ganz besonders für CRM-Systeme. Ohne verlässliche Datenbasis nützt selbst die beste Software wenig.

Typische Datenprobleme in KMU:
- Dubletten und Inkonsistenzen bei Kundenadressen
- Veraltete Kontaktdaten oder Ansprechpartner
- Fehlende Informationen zu Angeboten, Aufträgen oder Kommunikationsverlauf
- Unterschiedliche Datenquellen (Excel, Outlook, ERP, Notizzettel)

Lösungsansätze für bessere Datenqualität:
- Standardisierung: Einheitliche Eingabefelder, Dropdown-Menüs statt Freitext
- Pflegeprozesse: Regelmäßige Datenprüfung und -aktualisierung
- Verantwortlichkeiten: Klare Zuständigkeiten für Datenpflege (z. B. im Vertriebsteam)
- Technische Hilfen: Dubletten Prüfung, Pflichtfelder, automatische Validierung

Praxis-Tipp: Etablieren Sie einen monatlichen „CRM-Check", bei dem fehlerhaften oder fehlenden Daten systematisch bereinigt werden. Kleine Maßnahmen haben große Wirkung.

6.2 Datenschutz und DSGVO-konformes CRM

Seit Inkrafttreten der Datenschutz-Grundverordnung (DSGVO) sind Unternehmen verpflichtet, Kundendaten rechtskonform zu verarbeiten. Das betrifft auch und gerade CRM-Systeme.

Grundprinzipien der DSGVO im CRM-Kontext:
- Zweckbindung: Nur Daten erfassen, die für konkrete Zwecke notwendig sind
- Transparenz: Kunden müssen informiert sein, was mit ihren Daten geschieht
- Löschung und Einschränkung: Daten müssen auf Wunsch gelöscht oder gesperrt werden können
- Datensicherheit: Zugriffsbeschränkungen, Verschlüsselung, regelmäßige Backups

Wichtige Maßnahmen:
- Auftragsverarbeitungsvertrag mit dem CRM-Anbieter (bei Cloud-Lösungen)
- Rollenkonzepte und Zugriffsrechte (nicht jeder sieht alles)
- DSGVO-konforme Einwilligungen bei Marketingkontakten
- Dokumentation aller datenschutzrelevanten Prozesse

Praxisimpuls:
„Wir haben mit einem Datenschutzbeauftragten eine Checkliste für CRM-Prozesse erstellt – das hat uns enorm geholfen, Klarheit und Sicherheit zu schaffen."
(Prokurist eines Handelsunternehmens mit 60 Mitarbeitenden)

6.3 Nutzung von CRM-Daten für personalisierte Kommunikation

Gut gepflegte Daten sind nicht nur Pflicht – sie sind auch **ein Schatz**, wenn es um gezielte und personalisierte Kundenansprache geht. CRM-Daten ermöglichen:
- Segmentierung nach Verhalten, Branche oder Potenzial
- Individuelle Mailings und Angebote statt Gießkannenprinzip
- Automatisierte Kampagnen (z. B. Geburtstagsgrüße, Wartungshinweise)
- Cross- und Upselling durch Produkthistorien

Beispiel:

Ein Hersteller von Laborgeräten nutzt CRM-Daten, um Kunden zwei Monate vor Ablauf eines Wartungsvertrags automatisch eine Erinnerungsmail zu senden – inklusive Angebot. Die Abschlussrate liegt bei über 70 %.

Voraussetzung für solche Maßnahmen:
- Vollständige und aktuelle Datenbasis
- Klare Prozesse für Datenpflege und -auswertung
- Bereitschaft, vom reaktiven zum proaktiven Kundenmanagement zu wechseln

Fazit Kapitel 6:

Daten sind das Fundament jedes erfolgreichen CRM-Systems. Sie müssen gepflegt, geschützt und aktiv genutzt werden, um echten Kundennutzen zu erzeugen – und damit echten Unternehmenserfolg.

7. Integration von CRM mit anderen Systemen

Ein CRM-System entfaltet seine volle Wirkung erst dann, wenn es nicht isoliert arbeitet, sondern nahtlos in die bestehende IT-Landschaft integriert ist. Nur durch eine enge Verzahnung mit ERP, Marketing-Tools, Buchhaltung oder E-Commerce-Systemen können durchgängige Prozesse und ein 360-Grad-Blick auf den Kunden realisiert werden. Dieses Kapitel beleuchtet die wichtigsten Integrationsaspekte für mittelständische Unternehmen.

7.1 ERP, Marketing Automation, E-Commerce & Co.

Ein CRM-System ist das Herzstück der Kundenbeziehung – aber nicht die einzige Datenquelle. Daher ist die Integration mit anderen Systemen essenziell.
Typische Integrationsszenarien:

System	Mögliche Datenflüsse zum/vom CRM
ERP (z. B. SAP Business One, Lexware, DATEV)	Aufträge, Rechnungen, Artikel, Umsätze, Zahlungsstatus
Marketing Automation (z. B. Mailchimp, Brevo, Evalanche)	Newsletter-Abos, Kampagnen-Klicks, Öffnungsraten
E-Commerce-Systeme (z. B. Shopify, Shopware)	Online-Bestellungen, Warenkörbe, Kundenprofile
Helpdesk / Service-Systeme (z. B. Zendesk, Freshdesk)	Supportfälle, Rückmeldungen, SLA-Erfüllung
Kalender / E-Mail (z. B. Outlook, Gmail)	Termine, Kontakte, Korrespondenzhistorie

Vorteile der Integration:
- Vermeidung von Mehrfacheingaben
- Automatische Synchronisierung von Kundendaten
- Einheitliche Sicht auf Kunden über alle Abteilungen hinweg
- Grundlage für durchgängige Prozesse: vom Lead bis zur Rechnung

7.2 Schnittstellen und Datensynchronisation

Die technische Umsetzung der Integration erfolgt über **Schnittstellen (APIs)**.
Moderne CRM-Systeme bieten hierfür standardisierte Anbindungen oder Middleware-
Lösungen.

Arten von Schnittstellen:

- Direkte API-Anbindung: Echtzeit-Kommunikation zwischen zwei Systemen
- CSV-/Excel-Importe: Einfache, manuelle Synchronisation (z. B. einmal pro
  Woche)
- Middleware-Plattformen: Z. B. Zapier, Make, Microsoft Power Automate für
  automatisierte Workflows
- Standard-Konnektoren: Viele CRM-Systeme haben Plug-and-Play-
  Integrationen für gängige Anwendungen

Worauf KMU achten sollten:

- Stabilität und Sicherheit der Schnittstellen
- Klare Regeln für Datenhoheit und Synchronisationsrichtung
- Möglichkeit, nur relevante Felder zu übertragen (kein „Datenmüll")
- Gute Dokumentation – für spätere Anpassungen und Supportfälle

Praxisbeispiel:

Ein mittelständischer Industriegroßhändler verbindet sein CRM mit dem ERP-System.
Außendienstmitarbeitende sehen im CRM tagesaktuelle Umsätze und offene Posten
– ohne extra Login ins ERP. Das spart Zeit und erhöht die Kundenkompetenz im
Gespräch.

7.3 Cloud vs. On-Premises

Die Integrationsfähigkeit hängt auch vom gewählten **Betriebsmodell** ab:

Kriterium	Cloud-Lösung	On-Premises
Zugriff	ortsunabhängig, mobil	lokal oder via VPN
Updates	automatisch, regelmäßig	manuell, planungsintensiv
Integration	meist moderne APIs verfügbar	ggf. eingeschränkte Schnittstellen
IT-Aufwand	gering (externes Hosting)	intern zu managen
Datenschutz	Anbieter muss DSGVO-konform sein	volle Datenkontrolle intern

Praxisimpuls:

„Erst durch die Verknüpfung von CRM und ERP haben wir echten Mehrwert gespürt – keine doppelten Datensätze, schnellerer Zugriff, zufriedenere Kunden."

(Leiter IT eines Produktionsunternehmens mit 80 Mitarbeitenden)

Fazit Kapitel 7:

Die Integration des CRM-Systems mit anderen Unternehmensanwendungen ist keine technische Spielerei, sondern ein zentraler Hebel für Effizienz und Kundenorientierung. Wer Silos aufbricht und Systeme vernetzt, gewinnt nicht nur Zeit, sondern vor allem wertvolle Erkenntnisse.

8. Kundenprozesse digitalisieren und optimieren

CRM ist mehr als eine Datenbank – es ist ein Werkzeug zur **Verbesserung der täglichen Kundenprozesse**. Vom ersten Kontakt über den Verkauf bis zum Kundenservice bietet ein gut eingesetztes CRM-System die Möglichkeit, Abläufe zu automatisieren, Transparenz zu schaffen und Kundenbeziehungen nachhaltig zu stärken. In diesem Kapitel zeigen wir, wie mittelständische Unternehmen ihre kundenbezogenen Prozesse digitalisieren und optimieren können.

8.1 Vertriebsprozesse mit CRM strukturieren

Der Vertrieb ist in vielen KMU noch stark personenabhängig und wenig standardisiert. CRM kann helfen, die Vertriebsarbeit zielgerichtet, nachvollziehbar und skalierbar zu gestalten.

Typische Einsatzbereiche im Vertrieb:

- Leadmanagement: Zentrale Erfassung und Bewertung neuer Interessenten
- Verkaufschancen: Abbildung von Sales-Pipelines mit Phasen wie „Kontakt", „Angebot", „Verhandlung", „Abschluss"
- Angebotsverfolgung: Wer hat wann welches Angebot erhalten – und was ist der aktuelle Status?
- Besuchsberichte und Aktivitäten: Nachvollziehbare Dokumentation aller Kundenkontakte

Vorteile für den Mittelstand:

- Transparenz im Vertrieb: keine „Black Boxes" mehr
- Vertretbarkeit: Kollegen sehen den aktuellen Stand bei Krankheit oder Urlaub
- Steuerung über Kennzahlen: z. B. Anzahl neuer Leads, Conversion-Rates, Umsatz pro Verkäufer

Praxis-Tipp: Nutzen Sie Dashboards für Echtzeit-Überblicke – z. B. offene Angebote, gewonnene Projekte, Vertriebschancen nach Region.

8.2 Serviceprozesse automatisieren und verbessern

Ein zufriedener Kunde ist nicht nur loyal, sondern auch ein Multiplikator. Der Kundenservice ist daher ein zentraler Bestandteil erfolgreicher CRM-Prozesse. CRM-Anwendungen im Kundenservice:

- Ticketsysteme: Erfassen, priorisieren und nachverfolgen von Anfragen oder Reklamationen
- Wissensdatenbanken: Dokumentation von Lösungen zur Selbsthilfe für Kunden oder Servicemitarbeitende
- Seriennummern- und Geräteverwaltung: Besonders wichtig im technischen Kundendienst
- Automatische Benachrichtigungen und Eskalationen: z. B. bei Fristüberschreitungen

Vorteile:

- Kürzere Reaktionszeiten
- Bessere Nachvollziehbarkeit für Kunden und Mitarbeitende
- Möglichkeit zur Erfolgsmessung (z. B. First-Time-Fix-Rate, Kundenzufriedenheit)

Praxisbeispiel:

Ein Hersteller von Heiztechnik nutzt CRM, um Serviceeinsätze zu planen. Kunden erhalten automatisch Terminvorschläge und Erinnerungen – die Auslastung des Technikerteams konnte deutlich verbessert werden.

8.3 Marketingkampagnen planen und steuern

Auch das Marketing profitiert vom CRM – besonders im Mittelstand, wo Budgets knapp sind und Streuverluste vermieden werden müssen.

Typische Marketinganwendungen im CRM:

- Zielgruppenfilterung: Kampagnen an bestimmte Kundensegmente richten
  (z. B. nach Region, Branche, Produktnutzung)
- E-Mail-Marketing: Serienmails, Event-Einladungen oder Newsletter mit
  personalisierten Inhalten
- Reaktionsanalyse: Öffnungsraten, Klickverhalten, Rückmeldungen
- Event-Management: Einladungen, Anmeldungen und Nachfassaktionen aus
  einem System heraus

Best Practice:

Ein Anbieter von Verpackungslösungen verschickt gezielte Mailings an Kunden, die bestimmte Materialien bestellen. Dank CRM-Auswertung liegt die Rücklaufquote bei über 20 % – viermal höher als bei früheren Massenmailings.

Praxisimpuls:

„Früher haben wir Angebote per E-Mail verschickt und nie nachverfolgt. Heute sehe ich genau, ob der Kunde geöffnet, geklickt oder kommentiert hat – und kann gezielt nachhaken."
(Vertriebsmitarbeiter eines Elektronik-Großhändlers)

Fazit Kapitel 8:

CRM ist kein Selbstzweck – es bringt spürbaren Mehrwert im Alltag. Wenn Vertriebs-, Service- und Marketingprozesse digital unterstützt und miteinander vernetzt sind, entstehen effizientere Abläufe, zufriedene Kunden – und am Ende ein klarer Wettbewerbsvorteil.

9. CRM-Controlling und Erfolgsmessung

Ein CRM-System ist eine Investition – und jede Investition muss sich lohnen. Um Nutzen, Fortschritt und Schwachstellen sichtbar zu machen, braucht es ein strukturiertes CRM-Controlling. In diesem Kapitel zeigen wir, wie mittelständische Unternehmen den Erfolg ihres CRM-Einsatzes messen, steuern und weiterentwickeln können.

9.1 KPIs im CRM – was gemessen werden sollte

Key Performance Indicators (KPIs) helfen dabei, die Wirksamkeit von CRM-Maßnahmen zu überprüfen. Dabei gilt: Wenige, aber relevante Kennzahlen sind besser als ein Übermaß an Daten.

Typische KPIs im Vertrieb:

- Anzahl gewonnener Leads pro Monat/Quartal
- Abschlussquote (gewonnene vs. verfolgte Verkaufschancen)
- Durchschnittlicher Verkaufszyklus (Anfrage bis Abschluss)
- Umsatz pro Vertriebsmitarbeiter oder Region

Typische KPIs im Kundenservice:

- Erstlösungsquote (First Contact Resolution)
- Durchschnittliche Bearbeitungszeit von Anfragen
- Anzahl offener Supportfälle
- Kundenzufriedenheit (z. B. durch kurze Umfragen)

Typische KPIs im Marketing:

- Öffnungs- und Klickraten von Mailings
- Anzahl qualifizierter Leads aus Kampagnen
- Response-Rate bei Aktionen oder Veranstaltungen
- Abmelderate von Newslettern

Praxis-Tipp: Verknüpfen Sie Ihre CRM-KPIs mit strategischen Unternehmenszielen – z. B. höhere Kundenbindung oder Umsatzwachstum im Neukundensegment.

9.2 Dashboards und Reporting

Ein modernes CRM-System bietet die Möglichkeit, Kennzahlen in Form von Dashboards visuell aufzubereiten. So haben Mitarbeitende, Teamleiter und Geschäftsführung jederzeit Zugriff auf relevante Informationen.

Beispiele für CRM-Dashboards:

- Vertrieb: Pipeline nach Phasen und Regionen, Top-10-Kunden, Forecast
- Marketing: Kampagnenerfolg im Zeitverlauf, Leadquellen
- Service: Offene Tickets nach Priorität, Bearbeitungszeit im Durchschnitt

Vorteile:

- Schnelle Übersicht auf Knopfdruck
- Bessere Steuerung von Teams und Maßnahmen
- Frühzeitiges Erkennen von Engpässen oder Trends

Praxisbeispiel:

Ein mittelständischer Anlagenbauer nutzt ein Vertriebsdashboard im CRM, um jeden Montag die aktuelle Auftragssituation im Team zu besprechen. Die Transparenz hat nicht nur die Effizienz erhöht, sondern auch die Zusammenarbeit verbessert.

9.3 ROI von CRM-Projekten im Mittelstand

Gerade bei begrenztem Budget stellt sich schnell die Frage: Rechnet sich das CRM-System überhaupt? Die Antwort hängt von der konsequenten Nutzung und der Verankerung im Alltag ab.

Typische Nutzenaspekte:

- Zeitersparnis durch automatisierte Prozesse
- Höhere Abschlussquoten im Vertrieb
- Reduzierte Servicekosten durch schnellere Problemlösungen
- Weniger Fehler und Nachfragen durch zentrale Datenhaltung
- Erhöhte Kundenbindung durch gezieltere Ansprache

Berechnung des Return on Investment (ROI):

Ein einfacher ROI-Ansatz kann z. B. so aussehen:

ROI = (CRM-Nutzen in € – Kosten in €) / Kosten in €

Beispiel:

- Mehrumsatz durch systematische Nachverfolgung: +30.000 €/Jahr
- Einsparungen im Service: +10.000 €/Jahr
- CRM-Kosten (Lizenzen, Schulung, Einführung): 25.000 €
- ROI = (40.000 – 25.000) / 25.000 = 60 %

Praxisimpuls:

„Wir haben erstmals nachweisen können, wie viel Umsatz uns verlorengeht, wenn wir Angebote nicht nachverfolgen. Seither läuft bei uns keine Chance mehr unbemerkt ins Leere."

(Vertriebsleiter eines Anlagenbauunternehmens)

Fazit Kapitel 9:

Erfolg im CRM ist messbar. Unternehmen, die ihre Maßnahmen analysieren und mit klaren Zielen verknüpfen, können gezielt nachsteuern, optimieren – und den wirtschaftlichen Nutzen des CRM-Systems langfristig sichern.

10. Best Practices und Fallbeispiele aus dem Mittelstand

CRM ist kein theoretisches Konzept – es lebt von der Praxis. In diesem Kapitel geben wir einen Einblick in reale CRM-Projekte mittelständischer Unternehmen. Die Beispiele zeigen, was funktioniert, worauf es wirklich ankommt – und welche Fehler vermieden werden sollten. So erhalten Leser konkrete Orientierung für eigene Vorhaben.

10.1 Erfolgreiche CRM-Einführungen in KMU

Fallbeispiel 1: Maschinenbauunternehmen – CRM für vertriebsnahe Prozessoptimierung

Unternehmen: Familienbetrieb mit 90 Mitarbeitenden
Ausgangslage: Kein zentrales System, Kundenkontakte verstreut auf Excel, Outlook und Papier
Ziel: Transparenz im Vertrieb, strukturierte Angebotsverfolgung, bessere Leadbearbeitung
Lösung: Einführung eines Cloud-CRM mit Vertriebsschwerpunkt, Anbindung an Outlook
Erfolge:

- Angebotsnachverfolgung automatisiert → Abschlussquote stieg um 18 %
- Transparente Vertriebs-Pipeline → bessere Forecasts für Produktion
- Neue Mitarbeitende schneller einsatzfähig durch CRM-Dokumentation

Fallbeispiel 2: Technischer Großhandel – CRM als Brücke zwischen Innen- und Außendienst

Unternehmen: Großhändler mit regionalem Vertriebsteam
Ausgangslage: Keine einheitliche Kundensicht, Außendienstberichte nur sporadisch vorhanden
Ziel: Bessere Zusammenarbeit zwischen Innen- und Außendienst, mobiles Arbeiten
Lösung: Mobile CRM-App für den Außendienst mit Zugriff auf Artikel, Preise,

Kundenhistorie

Erfolge:

- 40 % weniger Rückfragen an den Innendienst
- Schnellere Angebotsbearbeitung vor Ort
- Verbesserung der Kundenzufriedenheit laut Umfrage (Note 2,9 → 1,8)

Fallbeispiel 3: Dienstleistungsunternehmen – CRM für strukturierte Kundenbetreuung

Unternehmen: IT-Dienstleister mit 25 Mitarbeitenden

Ausgangslage: Gute persönliche Kundenbeziehungen, aber keine systematische Betreuung

Ziel: Einführung strukturierter Kundensegmente und automatisierter Betreuung

Lösung: Einführung eines CRM mit Ticketfunktion und Kampagnenmodul

Erfolge:

- Reaktivierung inaktiver Kunden durch gezielte Mailings
- Effizientere Supportprozesse durch Ticket-System
- Umsatzsteigerung bei B-Kunden um 15 % in einem Jahr

10.2 Lessons Learned – was andere Unternehmen besser machen

Was erfolgreiche Projekte gemeinsam haben:

- Klare Ziele vor Systemwahl: Erst die Strategie, dann die Software
- Schrittweise Einführung: Start mit Kernfunktion, später Erweiterung
- Fokus auf Anwender: Praxisnahe Schulungen, offene Feedbackkultur
- Verankerung im Alltag: CRM als Arbeitswerkzeug, nicht als Pflichtübung

Typische Fehler, die vermieden wurden:

- „Feature-Overload": Zu viele Funktionen lähmen die Nutzung
- „CRM als IT-Projekt": Ohne Einbindung der Fachabteilungen kein nachhaltiger Erfolg
- „Einmal eingeführt, nie mehr gepflegt": CRM muss laufend betreut und weiterentwickelt werden

10.3 Interview mit einem CRM-Verantwortlichen aus der Praxis

Interviewpartner: Martin Schröder, Vertriebsleiter eines mittelständischen Industrieunternehmens mit 60 Mitarbeitenden

Frage: Herr Schröder, was war für Sie der größte Hebel bei der Einführung des CRM-Systems?

Antwort: Ganz klar: die Transparenz. Früher wusste keiner so richtig, was der Kollege gerade beim Kunden macht. Jetzt können wir uns vertreten, schneller reagieren und besser verkaufen.

Frage: Gab es Widerstände im Team?

Antwort: Natürlich. Die Umstellung war für viele ungewohnt. Aber wir haben mit kleinen Erfolgen überzeugt – z. B. durch automatische Erinnerungen bei offenen Angeboten. Das hat direkt Umsatz gebracht.

Frage: Welche Rolle spielt CRM heute bei Ihnen?

Antwort: Es ist unser tägliches Werkzeug – wie der Schraubenschlüssel für den Monteur. Ohne CRM wären wir heute nicht mehr wettbewerbsfähig.

Fazit Kapitel 10:

CRM funktioniert – wenn es zur Organisation passt, strategisch gedacht und konsequent umgesetzt wird. Die Erfahrungen anderer Mittelständler zeigen: Auch mit überschaubaren Mitteln lassen sich große Effekte erzielen. Wichtig ist der Mut zum Start – und die Bereitschaft zur kontinuierlichen Verbesserung.

11. Trends und Innovationen im CRM

CRM-Systeme entwickeln sich stetig weiter – nicht nur technisch, sondern auch im Hinblick auf das Verständnis von Kundenbeziehungen. Neue Technologien, steigende Kundenerwartungen und digitale Geschäftsmodelle führen dazu, dass moderne CRM-Lösungen heute mehr können (und müssen) als noch vor wenigen Jahren. In diesem Kapitel werfen wir einen Blick auf die wichtigsten Entwicklungen, die auch für mittelständische Unternehmen relevant sind.

11.1 Künstliche Intelligenz im CRM: Chatbots, Predictive Analytics, Personalisierung

Künstliche Intelligenz (KI) ist dabei, CRM-Systeme grundlegend zu verändern. Sie übernimmt Aufgaben, die früher manuell erledigt wurden, erkennt Muster und hilft dabei, Entscheidungen datenbasiert zu treffen.
Typische Einsatzfelder von KI im CRM:

- Chatbots im Kundenservice: Automatisierte Beantwortung häufiger Fragen rund um die Uhr
- Lead-Scoring: Bewertung von Verkaufschancen anhand von Interaktionsverhalten und Datenmustern
- Next Best Action: Empfehlungen, welcher Kunde wann mit welchem Angebot angesprochen werden sollte
- Spracherkennung und Textanalyse: Auswertung von Gesprächsnotizen oder E-Mails zur Ableitung von Stimmungen, Problemen oder Potenzialen

Praxisbeispiel:
Ein Softwareanbieter nutzt KI im CRM, um Wiederkaufwahrscheinlichkeiten zu prognostizieren. Der Vertrieb erhält automatisch Vorschläge, welche Kunden in den nächsten Wochen kontaktiert werden sollten.

11.2 CRM und Customer Experience Management (CXM)

Während klassisches CRM oft auf interne Prozesse und Effizienz ausgerichtet war, rückt heute immer stärker die **Kundenerfahrung (Customer Experience, CX)** in den Fokus. CRM und CXM verschmelzen zunehmend.

Was bedeutet Customer Experience Management im CRM-Kontext?
- Ganzheitlicher Blick auf den Kunden über alle Kontaktpunkte (Touchpoints) hinweg
- Messung von Kundenerlebnissen z. B. durch Net Promoter Score (NPS) oder Feedback-Tools
- Automatisierte Reaktionen auf Kundenverhalten (z. B. Danke-Mail nach Kauf, Hilfeartikel nach Supportanfrage)
- Konsistenz über alle Kanäle: Kunde erwartet gleiche Informationen, egal ob Telefon, E-Mail oder Onlineportal

Fazit:
CRM wird zum Motor eines kundenzentrierten Unternehmens. Wer Kundenerlebnisse gezielt gestaltet, bindet Kunden langfristig – und hebt sich vom Wettbewerb ab.

11.3 Self-Service und Kundenportale

Gerade im B2B-Umfeld erwarten Kunden zunehmend digitale Selbstbedienungsmöglichkeiten – rund um die Uhr und unabhängig von Ansprechpartnern.

Typische Funktionen von Kundenportalen:
- Einsicht in Bestellungen, Rechnungen, Verträge
- Statusabfragen zu Angeboten oder Lieferungen
- Download von Produktdokumentationen
- Eröffnung und Nachverfolgung von Serviceanfragen
- Chat oder direkter Kontakt zum Ansprechpartner

Vorteile für KMU:

- Entlastung von Vertrieb und Service
- Höhere Kundenzufriedenheit durch Transparenz
- Modernes Erscheinungsbild des Unternehmens
- Möglichkeit zur Differenzierung im Wettbewerb

Praxisimpuls:

„Wir haben mit einem einfachen Kundenportal angefangen – jetzt wickeln 60 %
unserer Serviceanfragen automatisch darüber ab. Das spart enorm viel Zeit."
(Geschäftsführer eines Mittelständlers im Maschinenbau)

Weitere relevante Entwicklungen für KMU:

- Mobile CRM-Lösungen: Zugriff auf alle Kundeninfos via Smartphone oder
  Tablet – besonders relevant für Außendienst und Service
- Voice Integration: Sprachgesteuerte Dateneingabe oder -auswertung
- CRM & Social Media: Integration von Kundeninteraktionen aus LinkedIn, Xing,
  Facebook oder Twitter
- Low-Code/No-Code-Ansätze: Eigene CRM-Erweiterungen oder
  Automatisierungen ohne Programmierkenntnisse

Fazit Kapitel 11:

CRM ist längst mehr als Adressverwaltung – es ist ein intelligenter, lernender
Begleiter im Kundenbeziehungsmanagement. Neue Technologien eröffnen auch dem
Mittelstand enorme Potenziale – vorausgesetzt, sie werden strategisch genutzt und
sinnvoll in den Alltag integriert.

12. CRM zukunftssicher gestalten

Ein CRM-System ist keine einmalige Anschaffung, sondern eine dauerhafte Begleitung des Unternehmens. Technologien ändern sich, Kundenbedürfnisse entwickeln sich weiter – und damit auch die Anforderungen an ein funktionierendes Kundenbeziehungsmanagement. In diesem letzten Kapitel zeigen wir, wie mittelständische Unternehmen ihr CRM langfristig erfolgreich betreiben, weiterentwickeln und an zukünftige Anforderungen anpassen können.

12.1 Agiles CRM-Management

Traditionelle IT-Projekte sind oft linear geplant – doch CRM lebt vom Lernen und Anpassen. Erfolgreiche Unternehmen verfolgen heute agile Vorgehensweisen im CRM-Management.

Was bedeutet „agiles CRM" in der Praxis?
- Kleine, überschaubare Funktionspakete statt riesiger Lastenhefte
- Frühzeitige Einbindung der Anwender (z. B. durch Pilotgruppen)
- Regelmäßiges Feedback und kurze Verbesserungsschleifen („Sprints")
- Schnelle Umsetzung neuer Anforderungen ohne aufwendige Projekte

Vorteil: Statt sich jahrelang auf die „perfekte" Lösung zuzubewegen, verbessern Unternehmen ihr CRM schrittweise im laufenden Betrieb – mit hoher Praxisnähe.

12.2 Kontinuierliche Verbesserung und Nutzerakzeptanz

Ein CRM-System ist nur so gut wie seine Nutzung im Alltag. Nach der Einführung beginnt daher die eigentliche Arbeit: die kontinuierliche Pflege und Weiterentwicklung.

Erfolgsfaktoren für nachhaltige CRM-Nutzung:
- CRM-Verantwortliche benennen (intern oder extern), die das System betreuen und weiterentwickeln

- Regelmäßige Schulungen: Neue Mitarbeitende und neue Funktionen brauchen Anleitung
- Anwender-Feedback ernst nehmen: Verbesserungsvorschläge aus dem Team aktiv einholen und umsetzen
- Erfolge sichtbar machen: z. B. durch Kennzahlen, Reports oder interne „CRM-Erfolgsgeschichten"

Praxis-Tipp: Führen Sie halbjährlich ein kurzes „CRM-Review" mit den wichtigsten Stakeholdern durch: Was läuft gut? Was fehlt? Was sollte vereinfacht werden?

12.3 Skalierbarkeit und Wachstumsstrategien

Ein CRM-System sollte nicht nur die Gegenwart abbilden, sondern auch mit dem Unternehmen mitwachsen können. Wachstum kann sich zeigen durch:
- Neue Geschäftsbereiche oder Produkte
- Internationale Kunden oder Märkte
- Wachsende Teams mit neuen Rollen
- Erweiterte Anforderungen an Marketing, Service oder Reporting

Checkliste für skalierbare CRM-Systeme:
- Nutzerzahl flexibel erweiterbar
- Mandantenfähig (für Tochtergesellschaften, internationale Standorte)
- Anpassbare Datenstrukturen ohne Programmierung
- Offene Schnittstellen für zukünftige Integrationen
- Anbieter mit langfristiger Produktstrategie

Praxisbeispiel:
Ein Handwerksbetrieb mit 12 Mitarbeitenden startet mit CRM für Angebotsverfolgung. Fünf Jahre später betreibt er mit 40 Mitarbeitenden ein Außendienstteam, Marketingautomatisierung und ein Kundenportal – alles auf der gleichen CRM-Plattform, schrittweise ausgebaut.

Fazit Kapitel 12:

CRM ist ein lebender Prozess. Wer sein System kontinuierlich weiterentwickelt, die Nutzer im Blick behält und auf Veränderungen vorbereitet ist, schafft nicht nur ein stabiles Kundenmanagement – sondern ein zukunftssicheres Fundament für langfristiges Wachstum und Kundenbindung.

Schlussgedanke:

„CRM ist keine Software. Es ist eine Haltung."
Wer seine Kunden ernst nimmt, baut Beziehungen auf – nicht Datenbanken. Mit dem richtigen strategischen Verständnis, den passenden Tools und einem schrittweisen Vorgehen wird CRM zum Erfolgsfaktor für jedes mittelständische Unternehmen.

Diese Übersicht fasst die wichtigsten Erfolgsfaktoren für Auswahl, Einführung und Betrieb eines CRM-Systems im Mittelstand zusammen. Du kannst sie als Selbsttest oder Projektbegleiter nutzen.

1. Strategie und Ziele

☐ Klare Ziele für CRM definiert (z. B. Kundenbindung, Vertriebsoptimierung

☐ CRM ist in der Unternehmensstrategie verankert

☐ Zielgruppen und Kundensegmente identifiziert

☐ Customer Journey analysiert und dokumentiert

2. Auswahl des passenden CRM-Systems

☐ Eigene Anforderungen schriftlich definiert (fachlich, technisch, organisatorisch)

☐ Passende Systeme am Markt recherchiert und verglichen

☐ Cloud vs. On-Premises sorgfältig abgewogen

☐ Anbieterreferenzen geprüft

☐ Testphase mit Pilotanwendern durchgeführt

3. Einführung und Projektmanagement

☐ CRM-Projektteam benannt (inkl. Management, Fachbereiche, IT)

☐ Zeit- und Ressourcenplan erstellt

☐ Datenmigration vorbereitet (Bereinigung, Struktur, Übernahme)

☐ Schulungen geplant und durchgeführt

☐ Change Management berücksichtigt (Kommunikation, Einbindung, Motivation)

4. Nutzung im Alltag

☐ CRM-Prozesse definiert und dokumentiert (z. B. Vertriebsphasen, Service-Tickets)

☐ Verantwortlichkeiten für Datenpflege geklärt

☐ Dashboards und Berichte eingerichtet

☐ Nutzerfeedback eingeholt und ausgewertet

☐ CRM-Verantwortliche oder Key User im Unternehmen etabliert

5. Erfolgsmessung und Weiterentwicklung

☐ Relevante KPIs festgelegt (z. B. Abschlussquoten, Kundenzufriedenheit)

☐ Regelmäßige Auswertungen und Reports erstellt

☐ CRM-Review-Meetings geplant (z. B. halbjährlich)

☐ Kontinuierliche Schulungen und Onboardings bei neuen Mitarbeitenden

☐ CRM-System skalierbar für Wachstum oder neue Anforderungen

Tipp:

Drucke diese Checkliste aus und hänge sie im CRM-Projektteam oder Vertriebsmeetingraum auf. Sie hilft, den Überblick zu behalten – und sorgt dafür, dass CRM nicht nur eingeführt, sondern auch **gelebt** wird.

System	Betriebsmodell	Stärken / Besonderheiten	Geeignet für	Typische Kosten
HubSpot CRM	Cloud (SaaS)	Intuitive Bedienung, kostenloser Einstieg, Marketing- und Sales-Tools integriert	Startups, Vertriebsorientierte KMU	Basis: kostenlos, Starter: ab ca. 50 €/Monat
Zoho CRM	Cloud	Vielseitig, gutes Preis-Leistungs-Verhältnis, viele Add-ons	Kleine bis mittlere Unternehmen mit Digitalfokus	ab ca. 20 €/Nutzer/Monat
CAS genesisWorld	On-Premises / Cloud	Made in Germany, stark im Mittelstand, hohe Anpassbarkeit, DSGVO-konform	Branchenspezifische KMU, technisch versierte Teams	ab ca. 30–60 €/Nutzer/Monat
Microsoft Dynamics 365 Sales	Cloud / hybrid	Nahtlose Integration mit MS-Produkten, skalierbar, ERP-Anbindung möglich	Wachsende KMU mit IT-Ressourcen	ab ca. 54,80 €/Nutzer/Monat
Salesforce Essentials	Cloud	Marktführer, sehr skalierbar, starke Automatisierung	Ambitionierte KMU mit hohem Digitalisierungsgrad	ab ca. 25–75 €/Nutzer/Monat
weclapp CRM	Cloud	Integriert mit ERP, einfache Bedienung, deutsche Lösung	Handels- und Dienstleistungsunternehmen	CRM ab ca. 20 €/Nutzer/Monat
cobra CRM	On-Premises / Cloud	Deutscher Anbieter, starker Datenschutz, hohe Anpassbarkeit	Datenschutzsensible oder konservative Branchen	ab ca. 50–80 €/Nutzer/Monat
Monday CRM	Cloud	Visuell ansprechend, flexibel, Projektmanagement integriert	Agenturen, projektorientierte KMU	ab ca. 10–30 €/Nutzer/Monat

Hinweise zur Auswahl:

- Cloud-Systeme eignen sich besonders für Unternehmen ohne eigene IT-Infrastruktur oder mit dezentralen Teams.
- On-Premises-Systeme bieten mehr Datenkontrolle, erfordern aber eigene IT-Ressourcen.
- Die Kosten variieren je nach Funktionsumfang, Nutzerzahl und gewünschter Integration.
- Achten Sie auf Testversionen – fast alle Anbieter bieten kostenlose Demos oder Testphasen an.

DIGITAL BUSINESS NAVIGATOR: Ihr Tool für die digitale Transformation, CRM-Auswahl und CRM-Einführung

Der **DIGITAL BUSINESS NAVIGATOR (DBN)** ist ein strukturiertes Analyse- und Entscheidungsinstrument, das Unternehmen dabei unterstützt, ihren digitalen Reifegrad zu erfassen, Potenziale zu erkennen und konkrete Maßnahmen abzuleiten. Er wurde speziell für mittelständische und größere Unternehmen entwickelt, die Digitalisierung nicht als Einzelprojekt, sondern als ganzheitliche Organisationsentwicklung verstehen.

Dabei geht es nicht um Technologie allein – sondern um das Zusammenspiel aus Strategie, Strukturen, Prozessen, Kultur und Systemen. Der Navigator liefert Klarheit, wo oft nur Unsicherheit herrscht – und schafft Entscheidungsgrundlagen, wo sonst Bauchgefühl regiert.

Das leistet der Digital Business Navigator:

1. **Systematische Reifegradanalyse**
   Der DBN bewertet den digitalen Entwicklungsstand Ihrer Organisation auf
   Basis eines wissenschaftlich fundierten und praxiserprobten Modells – entlang
   von fünf zentralen Handlungsfeldern:
   - **Strategie & Geschäftsmodell**
   - **Strukturen & Rollen**
   - **Prozesse & Wertschöpfung**
   - **Technologien & Daten**
   - **Kultur & Kompetenzen**
2. **Benchmarking & Standortbestimmung**
   Sie erkennen, wo Ihr Unternehmen im digitalen Vergleich steht – intern wie
   extern. Dadurch können Sie gezielt an den Stellschrauben arbeiten, die
   wirklich entscheidend sind.
3. **Ableitung konkreter Handlungsfelder**
   Aus der Analyse entstehen klare, priorisierte Empfehlungen, die direkt in die
   strategische und operative Planung überführt werden können.

4. **Individuelle Entwicklungs-Roadmap**

   Der DBN liefert Ihnen eine visuelle und schlüssige Roadmap für die nächsten Schritte – realistisch, messbar und zielgerichtet.

5. **Intuitive Visualisierung & Teamfähigkeit**

   Ergebnisse lassen sich in klaren Dashboards und Heatmaps darstellen.

6. **Fortschrittsmessung und Iteration**

   Durch wiederholte Anwendung kann die Entwicklung über die Zeit verfolgt und gesteuert werden – ein wichtiges Instrument für digitale Steuerung und Führungsverantwortung.

Nutzen Sie die Chance

Viele Unternehmen spüren die Dynamik des digitalen Wandels, handeln aber punktuell statt strategisch. Der Digital Business Navigator hilft, Digitalisierung aus der Vogelperspektive zu betrachten und gleichzeitig in der Tiefe wirksam zu werden.

Er eignet sich ideal als:

- Startpunkt für digitale Transformationsvorhaben
- Auswahl von CRM-Software und CRM-Ausschreibungen
- Grundlage für CRM-Workshops und CRM-Strategieprozesse
- Werkzeug zur internen Abstimmung von Digitalisierungszielen
- Evaluations-Tool zur Fortschrittsmessung

Wenn Sie Klarheit und Struktur für Ihren CRM-Einstieg suchen, laden wir Sie herzlich ein, den **DIGITAL BUSINESS NAVIGATOR** kostenfrei zu nutzen (Entry-Tarif). Unter https://onboarding.digital-business-guides.com können Sie Ihren eigenen Zugang erstellen. Bei Fragen rund um DIGITAL BUSINESS NAVIGATOR und CRM-Auswahl, CRM-Einführung stehen ich Ihnen gerne zur Verfügung (eMail ap@poertner-consulting.de).

Ich wünsche Ihnen viel Erfolg bei Ihrem CRM-Projekt und stehe Ihnen gerne bei Fragen zur Verfügung!

Ihr Andreas Pörtner